MARION BLUSH

Tresses et torsades

43, quai de Grenelle - 75905 Paris, cedex 15

Direction : Catherine Saunier-Talec
Responsable artistique : Antoine Béon
Responsable éditoriale : Anne Le Meur
Responsable de projet : Caroline Terral
Conception de maquette et réalisation : SKGD-création
Couverture : Pauline Ricco
Fabrication : Amélie Latsch
Responsable partenariats : Sophie Morier (smorier@hachette-livre.fr)
Responsable de la communication : Johanna Rodrigues-Faitot (jrodrigue@hachette-livre.fr)

MARION BLUSH

Tresses et torsades

Photographies : Philippe Vaurès Santamaria
Dessins : Stéphanie Rubini

hachette
BIEN-ÊTRE

SOMMAIRE

Les techniques

Les tutos

PRÉSENTATION

Marion alias Mademoiselle Blush est folle de tresses !

En 2009, cette demoiselle ouvre un blog de maquillage. Et puis, un jour, elle se lance et réalise un tuto vidéo de coiffure. Six mois plus tard, un deuxième. Mademoiselle Blush se rend vite compte que ses vidéos plaisent et qu'on lui en redemande sans cesse. De la tresse « épi de blé » à la torsade en passant par la lace braid, notre bloggeuse aux doigts de fée poste depuis plusieurs années un tuto par semaine dans lequel elle se coiffe elle-même.

INTRODUCTION

Bonjour à toutes !

Je vous souhaite la bienvenue dans ce livre consacré aux tresses et aux torsades. Vous allez découvrir différentes coiffures et techniques, des plus simples aux plus complexes. Elles sont toutes accompagnées de pas-à-pas illustrés. La plupart demandent un peu d'entraînement. Je vous conseille donc de pratiquer la tresse puis la tresse collée jusqu'à ce que vous les maîtrisiez parfaitement (c'est-à-dire sans y réfléchir), avant de vous lancer dans les suivantes qui risqueraient de vous décourager. Pas besoin de six mois d'entraînement non plus, je vous rassure ! Mais un soir, devant un bon film ou un épisode de votre série préférée, enchaînez les tresses collées à l'arrière de votre crâne et sans miroir, bien entendu ! Au bout de quatre ou cinq fois, vous serez déjà beaucoup plus à l'aise.

Je vous propose ici 24 modèles pour « habiller » votre tête. Que ce soit une simple tresse pour traîner chez vous, ou quelque chose de plus recherché pour un premier rendez-vous, un entretien d'embauche, une soirée entre filles ou un mariage, c'est sûr, vous trouverez votre bonheur. Et quand vous serez vraiment à l'aise avec la technique, à vous d'improviser et de mixer les idées. Vous verrez, les possibilités sont infinies !

LES SOINS ET LE MATÉRIEL

Votre routine shampoing

Faites confiance à vos cheveux : tant qu'ils ne graissent pas, inutile de les laver. On conseille en général un shampoing tous les deux jours pour les cheveux à tendance grasse, deux shampoings par semaine pour les cheveux normaux et un seul pour les cheveux secs.

Utilisez un shampoing, puis un après-shampoing (ou un masque). Une fois vos cheveux essorés, vous pouvez aussi appliquer un sérum ou une huile adaptée à leur nature pour mieux en prendre soin. Il existe des sérums pour tous types de cheveux et aidant à lutter contre différents types de problèmes : chute de cheveux, pointes sèches, pellicules, frisottis, etc.

Les shampoings bios sont aussi très efficaces et moins agressifs. Ils ont l'avantage de ne pas contenir de silicones, ce qui évite d'étouffer le cheveu. Ils moussent moins que les shampoings traditionnels et peuvent nécessiter une petite phase d'adaptation, pendant laquelle vos cheveux risquent d'être moins en forme. Pas d'inquiétude, cela ne dure que quelques semaines, le temps pour vos cheveux de retrouver leur équilibre naturel.

Le démêlage

Là encore, soyez à l'écoute de votre chevelure. Si celle-ci s'emmêle facilement, démêlez chaque soir, en douceur bien entendu, et dormez avec une tresse. En revanche, si vous avez les cheveux ondulés ou frisés, touchez-y le moins possible. En effet, les démêler augmente leur volume et casse les boucles. Vous pouvez utiliser votre brosse sous la douche, lorsque vos cheveux sont mouillés et enduits d'après-shampoing. Cela vous facilitera la tâche et évitera qu'ils ne cassent.

Le séchage

Sa durée peut varier selon l'épaisseur, le nombre et la porosité de vos cheveux. Les cheveux fins peu nombreux et peu poreux sèchent bien plus vite que les autres : 10 minutes suffisent. Les chevelures plus épaisses, quant à elles, nécessitent plus d'une heure. Mais la chaleur trop forte du sèche-cheveux peut abîmer la fibre capillaire, casser les boucles naturelles et fragiliser le cheveu, notamment s'il est sec.

Masques capillaires maison

Vous ne le savez peut-être pas, mais votre cuisine regorge de produits dont vos cheveux raffolent. Voici donc des recettes de masques faciles et rapides à réaliser.

• Pour les cheveux normaux

Vous avez de la chance, vos cheveux brillent naturellement, ne graissent pas trop vite et ne sont pas cassants. Vous pouvez donc parfaitement vous passer de masque !

• Pour les cheveux secs

Ce masque augmente la souplesse et la douceur des cheveux de paille. Testé et approuvé, il fut pour moi une véritable révélation !

Dans un bol, cassez un œuf, videz un yaourt nature (pas trop liquide) et versez une cuiller à soupe d'huile d'olive (et/ou de miel). Mélangez jusqu'à ce que le mélange soit homogène. Prélevez-en un peu dans votre main et appliquez-le sur l'ensemble de la chevelure. Laissez poser de 30 minutes à 4 heures, selon le temps que vous avez. Rincez ensuite abondamment à l'eau tiède, puis passez au shampoing comme d'habitude. Vous pouvez faire ce masque chaque semaine si vous le souhaitez.

• Pour les cheveux gras

Vos cheveux souffrent d'un excès de sébum. Le but n'est pas de les décaper, car cela risquerait d'en augmenter la sécrétion. Il faut donc mélanger des ingrédients dégraissants à d'autres aux vertus hydratantes. Dans un bol, videz un yaourt nature (pas trop liquide) et versez une cuiller à soupe de jus de citron. Quand c'est la saison, vous pouvez y ajouter quelques fraises écrasées. Prélevez un peu du mélange dans votre main et appliquez-le sur l'ensemble de la chevelure. Laissez poser 10 à 20 minutes et passez au shampoing comme vous le faites habituellement. Il est conseillé de ne pas faire ce masque plus d'une fois par mois pour éviter d'appauvrir votre cheveu.

Pour réaliser toutes ces coiffures, il n'est pas nécessaire de crouler sous une multitude de matériel. Comme dans n'importe quelle discipline, avoir de bons outils vous facilitera la tâche. Voici donc une liste d'accessoires de coiffure utilisés dans les tutos qui suivent ainsi que des conseils pour bien les choisir.

Les élastiques

Depuis plusieurs années, je n'utilise plus que des élastiques en caoutchouc ou en silicone. Ils ne contiennent pas de partie métallique (qui peut casser le cheveu) et ne glissent pas au fil des heures. Plus petits et plus fins, ils sont donc plus discrets. Optez pour les noirs si vous avez les cheveux foncés et pour des transparents s'ils sont clairs. Vous pouvez les trouver dans quasiment n'importe quelle grande surface, dans les magasins de coiffure évidemment et dans certains corners beauté d'enseignes de prêt-à-porter.

Les pinces plates

Si vous avez les cheveux fins, vous pouvez pratiquement ne vous servir que d'elles (elles remplaceront les épingles à chignon dans les tutos). Elles existent en noir, en marron ou en doré pour s'adapter à la couleur de vos cheveux. Elles sont en général d'assez bonne qualité, même à petit prix.

Les épingles à chignon

Il existe des épingles à chignon droites et d'autres dont les jambes sont ondulées. J'ai toujours préféré les secondes car j'ai l'impression qu'elles tiennent mieux en place. Mais sachez que les dompter demande un peu d'entraînement (c'est qu'elles sont sauvages !). Ce sont elles qui posent le plus de problèmes aux personnes que je coiffe. Eh oui, vous n'êtes pas la seule à vous dire « mais sur moi, ça tient jamais ». Je vous le promets, sur vous, ça tiendra, il faut juste bien les manier. Le secret, c'est que ces épingles ne sont pas là pour soutenir tous les cheveux, non, non, non ! Elles servent uniquement à tendre une toute petite mèche à différents endroits stratégiques. Ce sont ces petites mèches qui soutiendront tous les cheveux.
Donc pour qu'elles tiennent, il faut insérer très peu de cheveux entre leurs pattes, coller ces pattes plus loin sur le crâne puis effectuer un angle à 90° avec la tête de l'épingle (sans bouger ses pieds). Vous pouvez ensuite

coucher l'épingle le long du crâne. Pour finir, enfoncez-la dans les cheveux pour la cacher.

Le crépon (communément appelé « bun »)

Cet accessoire permet d'ajouter un volume considérable à votre chevelure en quelques secondes. Sa matière faite de fils entremêlés ressemble à ce que l'on obtient si l'on crêpe beaucoup les cheveux, mais en l'utilisant, on se dispense de la corvée de démêlage de la fin de journée. Il en existe plusieurs formes et certains sont même fixés à des peignes ou à des barrettes pour faciliter leur utilisation. Disponibles en plusieurs couleurs, il faut naturellement l'assortir à celle de vos cheveux pour qu'il soit le moins visible possible. Le plus courant est le rond que l'on place à la base d'une queue-de-cheval avant de créer un chignon qui n'en sera que plus impressionnant.

Les extensions

Si vos cheveux manquent de longueur ou de volume pour réaliser certaines coiffures, les extensions peuvent être une option. Il en existe de toutes les couleurs et pour tous les budgets. Vous pouvez les faire poser par un professionnel ou en acheter des clipsables que vous pourrez porter et enlever à volonté.

Attention, il y a deux choses très importantes avec les extensions : pour un résultat élégant, il faudra certainement y mettre le prix. À titre d'information, le kit d'extensions contenant 4 ou 5 mèches épaisses de 40 cm de long en cheveux naturels à positionner soi-même avoisine les 200 euros. La seconde chose à savoir, c'est qu'il faut vraiment éviter de mettre des extensions de 40 cm sur des cheveux coupés au carré. En effet, la différence de longueur et d'épaisseur se verra, et s'il y a bien une chose que l'on ne veut pas quand on porte des extensions, c'est que cela se voit ! Préférez des mèches un peu plus longues que vos cheveux et demandez à un coiffeur de les dégrader pour que vos cheveux se fondent harmonieusement avec vos extensions.

Le headband

Le headband est un véritable bijou de tête que l'on peut placer de plusieurs façons. À l'horizontale, façon années 1970-1980, il tombe au milieu du front. L'effet peut être sympa mais n'est pas vraiment passe-partout. Ensuite, selon la hauteur de votre front, vous pouvez le placer à l'avant des cheveux, ou bien en position de serre-tête, plus traditionnel. Il en existe pour tous les goûts et toutes les bourses, mais si vous cherchez quelque chose de raffiné, les prix peuvent monter un peu. Par exemple, le headband utilisé dans la coiffure «Romantique» (p. 60) vient d'une créatrice de bijoux et a été fait à la main. C'est la raison pour laquelle il est plus onéreux qu'un headband vendu en grande distribution.

La laque

Inutile de vous ruiner pour une laque professionnelle si vous ne vous coiffez que pour les grandes occasions. Une laque bon marché fera très bien l'affaire. Le « plus » des laques haut de gamme est qu'elles ne donnent pas d'effet cartonné à la chevelure. Mon astuce pour n'importe quel spray : évitez de vaporiser trop près du crâne. La main à 30 centimètres des cheveux est une bonne distance.

Le gel

Cela n'engage naturellement que moi, mais je n'aime vraiment pas le gel. Il se voit, cartonne les cheveux, leur donne une apparence grasse et peut même se craqueler en fin de journée et donner l'illusion que vous avez des pellicules dans les cheveux.

La cire

À moins de vouloir un look rétro années 1920 avec des cheveux courts crantés et plaqués sur le côté, je vous déconseille d'abuser de la cire. En revanche, si vous avez les cheveux fins ou très lisses (donc assez glissants), elle peut devenir une alliée précieuse.

Avant de commencer une coiffure, prenez-en une petite noisette dans le creux de votre paume et frottez vos mains l'une contre l'autre. Passez-les ensuite dans vos cheveux en exerçant plus ou moins de pression selon leur épaisseur. Commencez ensuite la coiffure. Vous verrez, tresses, torsades et autres tiendront beaucoup mieux et plus longtemps.

Le fer à lisser

Il peut être aussi utile que traître. Utile car c'est un instrument merveilleux : il peut lisser, onduler, boucler, cranter. Il est efficace et assez facile à utiliser, bref, j'adore ! Mais, il faut quand même prendre quelques précautions. Si vous l'utilisez plus d'une fois par semaine, essayez de réduire car au bout d'une année, vos cheveux montreront des signes de fatigue. Pensez à utiliser des produits thermo-protecteurs, ils font toute la différence ! Et surtout, ne jamais, jamais utiliser votre fer sur chevelure mouillée/humide ou si vous venez d'appliquer de l'huile... Vous allez faire frire vos pauvres cheveux ! Quant à la question du choix du fer à lisser, il y a bien sûr des Rolls à plus de 200 euros, mais vous pouvez trouver quelque chose de très satisfaisant entre 50 et 100 euros.

Le fer à boucler

Mes recommandations sont les mêmes que pour le fer à lisser. J'ajoute juste que les boucles trop dessinées n'ont plus vraiment le vent en poupe. Préférez l'effet « retour de plage », plus naturel. Pour cela, ne serrez pas trop vos cheveux autour du fer et choisissez un fer plutôt large. Si vous n'avez pas de fer à boucler mais que vous voulez des boucles, voici une astuce testée et approuvée : avant de vous coucher, sur cheveux mouillés, faites-vous quelques tresses bien serrées. Vous vous réveillerez avec des boucles très définies. Le résultat sera moins glamour qu'au fer mais vous verrez, cela marche vraiment !

LES TECHNIQUES

Difficulté : ✂

3 minutes environ

La tresse

Pour vous faire plaisir au fil des pages, il vous faut maîtriser l'élément basique de la plupart des coiffures présentées ici, je veux bien évidemment parler de la tresse ! Serrée pour qu'elle tienne toute la journée ou plus "loose" pour un look bohême romantique, elle saura vous accompagner en toutes circonstances.

• *1 élastique* •

1. Séparez la quantité de cheveux que vous souhaitez tresser en 3 mèches : n° 1 (à droite), n° 2 (au milieu) et n° 3 (à gauche).

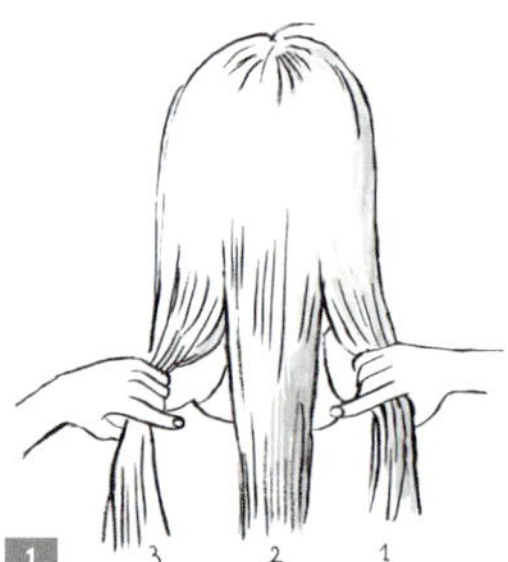

1

2. Passez la mèche n° 3 au-dessus de la n° 2, de sorte qu'elle soit insérée entre les mèches n° 1 et n° 2.

3. Passez ensuite la mèche n° 1 au-dessus de la n° 3, de sorte qu'elle soit insérée entre les mèches n° 3 et n° 2.

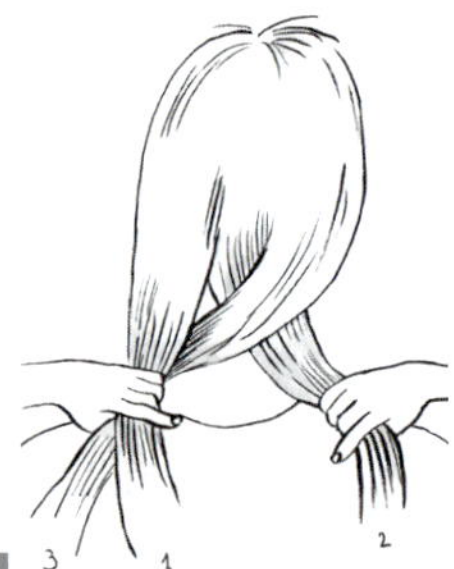

3

4. Continuez ainsi en alternant les mèches de droite et de gauche jusqu'aux pointes de vos cheveux.

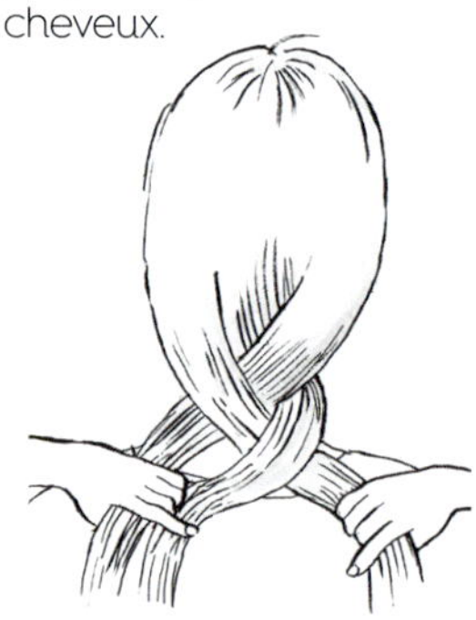

5. Sécurisez votre tresse avec un élastique. Et voilà, c'est déjà fini !

6. Si vous le souhaitez, vous pouvez rendre votre tresse plus volumineuse en l'élargissant. Pour cela, il vous suffit de tirer ses brins vers l'extérieur. Cette technique s'appelle le "pancaking".

6

7. Pour réaliser une tresse inversée, suivez les mêmes étapes en passant les mèches par-dessous plutôt que par-dessus. Les chevrons seront formés dans l'autre sens.

Astuce

Entraînez-vous jusqu'à ce que la tresse devienne un automatisme. Cela vous aidera pour la suite !

Difficulté : ✂✂

10 minutes environ

La tresse collée

Maintenant que vous êtes à l'aise avec la tresse, il est temps de pimenter un peu les choses. Voici l'élément le plus technique de toutes les coiffures à venir. Il demande patience et entraînement, mais une fois que vous le maîtriserez, plus rien ne vous arrêtera !

• *1 élastique* •

1. Saisissez 3 mèches les unes à côté des autres le long de votre front : n° 1 (à droite), n° 2 (au milieu) et n° 3 (à gauche).

1

2. En allant vers l'arrière de votre tête, passez la mèche n° 3 au-dessus de la mèche n° 2, de sorte qu'elle soit insérée entre les mèches n° 1 et n° 2. Passez ensuite la mèche n° 1 au-dessus de la n° 3, de sorte qu'elle soit insérée entre les mèches n° 2 et n° 3, comme pour une tresse normale.

3. Saisissez maintenant la mèche n° 2 et ajoutez-lui des cheveux provenant de votre tempe droite avant de la passer au-dessus de la mèche n° 1, de sorte qu'elle soit insérée entre les mèches n° 1 et n° 3.

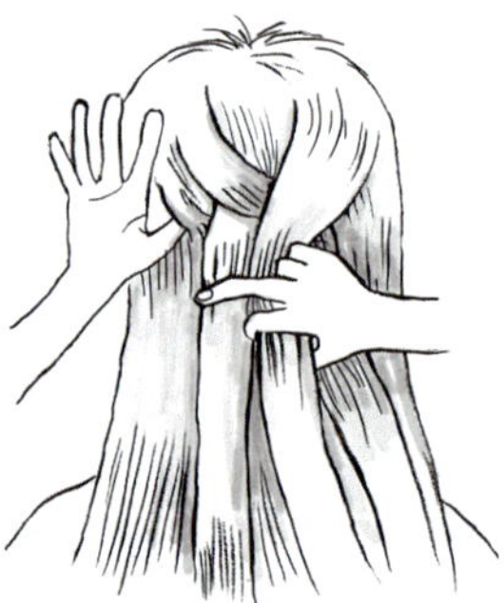

3

4. Faites de même de l'autre côté avec la mèche n° 3, de sorte qu'elle soit insérée entre les mèches n° 2 et n° 1.

5. Ajoutez des cheveux prélevés de plus en plus bas à chacune des mèches que vous insérerez entre les deux autres.

6. Continuez ainsi en alternant les mèches de droite et de gauche jusqu'à ce qu'il n'y ait plus de cheveux à ajouter.

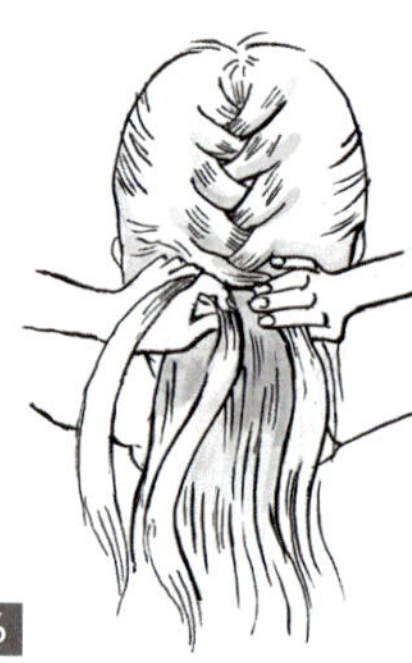

6

7. Terminez en tresse normale avant de sécuriser avec un élastique.

Astuce

La première fois sera la plus compliquée et chaque étape vous demandera une part de réflexion. Mais ne vous découragez pas ! Avec de l'entraînement, vous gagnerez vite en rapidité et en efficacité.

Difficulté :

3 minutes environ

La torsade

Composée de seulement deux brins, la torsade, bien plus facile à maîtriser que la tresse, donne un style très romantique aux coiffures. Sa rapidité d'exécution en fait aussi une alliée utile si vous rêvez d'une coiffure recherchée et que vous êtes pressée.

• 1 élastique •

1. Séparez la partie de vos cheveux que vous voulez torsader en deux mèches : n° 1 et n° 2.

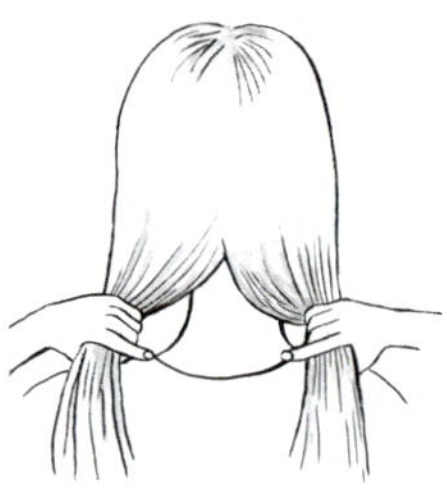

1

2. Faites tourner la mèche n° 1 sur elle-même vers la droite.

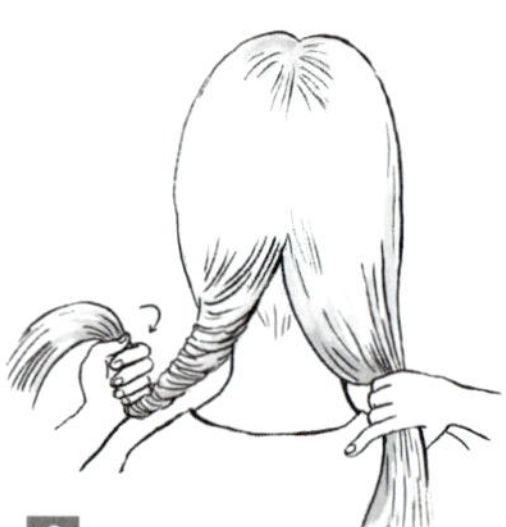

2

3. Plus vous la faites tourner, plus la torsade sera serrée.

4. Faites de même avec la mèche n° 2. Prenez garde à bien la faire tourner dans le même sens que la mèche n° 1, donc vers la droite aussi.

5. Faites maintenant tourner les mèches n° 1 et n° 2 l'une sur l'autre vers la gauche.

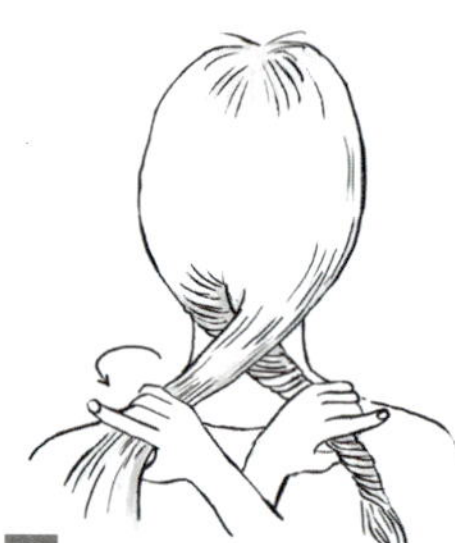

5

6. Plus vous tournerez, plus la torsade aura d'"étages".

7. Continuez jusqu'aux pointes, puis sécurisez avec un élastique.

7

Astuce

Chaque mèche vers la droite, et l'une sur l'autre vers la gauche ou le contraire, peu importe. Commencez par le sens qui vous vient naturellement puis essayez l'autre pour juger de la différence du résultat.

Difficulté :

15 minutes environ

La coiffure d'Elsa

Si vous avez une fillette dans votre entourage, vous connaissez forcément Elsa, la Reine des Neiges du film Disney. La coiffure qu'elle porte au début du film est si jolie que YouTube a vite été envahi de tutos pour la reproduire. Elle est moins compliquée qu'il n'y paraît et donne un rendu plein de charme. Alors, à vos épingles !

1 élastique • épingles à chignon • épingles plates • laque ou pâte à coiffer (optionnel)

1. Créez une raie assez basse du côté qui vous semble le plus naturel. Dégagez ensuite deux mèches voisines le long de la raie ainsi obtenue et du côté le plus large.

1

2. La mèche la plus proche du front (n° 1) doit passer au-dessus de l'autre (n° 2) pour arriver derrière elle, tandis que la n° 2 se retrouve du côté du front.

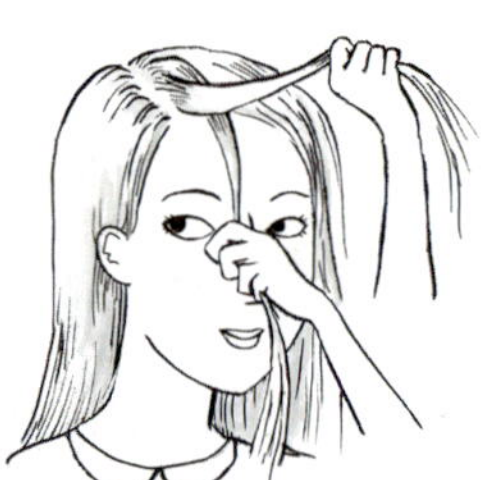

2

3. Rajoutez une mèche le long du front à la mèche n° 2 et une mèche le long de la raie à la n° 1.

3

4. Inversez à nouveau la position des mèches en faisant passer la n° 2 au-dessus de la n° 1. Serrez bien.

4

5. Continuez ainsi en ajoutant des mèches de plus en plus bas sur le front puis au niveau de la tempe d'un côté, et de plus en plus à l'arrière du crâne de l'autre côté.

5

6. Quand vous arrivez derrière l'oreille, cessez d'ajouter des cheveux et continuez en torsade normale puis sécurisez avec un élastique.

7. Regroupez la torsade et le reste des cheveux et enroulez-les pour former un chignon de danseuse que vous attacherez avec des épingles à chignon.

Astuce

Le ruban a été ajouté tout à la fin, en passant le cœur du nœud dans une épingle à chignon.

Difficulté :

10 minutes environ

La tresse cascade

Autre variante de la tresse collée, cette technique est idéale pour créer une demi-queue originale ou mettre en valeur un contraste dans la couleur de votre chevelure (balayage, mèches, ombré...). Mais la tresse cascade peut aussi être la base de coiffures bien plus complexes...

• *1 élastique ou une barrette plate* •

1. Faites-vous une raie au milieu. Dégagez trois petites mèches (n° 1 en bas, n° 2 au milieu et n° 3 en haut) le long de votre tempe, du côté où vous êtes le plus à l'aise.

1

2. Passez la mèche n° 3 au-dessus de la n° 2 puis la n° 1 au-dessus de la n° 3 comme pour une tresse normale.

3. Ajoutez à la mèche, n° 2 des cheveux provenant du long de votre raie, puis passez-la au-dessus de la n° 1.

4. Lâchez alors la mèche n° 3 et prélevez une mèche de taille semblable juste en dessous sur le crâne, qui viendra la remplacer dans la tresse et passera donc directement au-dessus de la mèche n° 2.

4

5. Continuez ainsi en ajoutant aux mèches venant du haut des cheveux de plus en plus éloignés du front, puis en relâchant et en remplaçant les mèches qui arrivent du bas.

6. Arrêtez-vous quand la tresse atteint une longueur qui vous convient et sécurisez avec une barrette ou un élastique.

7. Vous pouvez réaliser la même tresse de l'autre côté pour obtenir la seconde partie de votre demi-queue.
Si vos cheveux glissent et que la tresse ne tient pas longtemps, essayer d'humidifier et/ou de légèrement laquer vos cheveux avant de commencer.

Difficulté :

10 minutes environ

La lace braid

En anglais, lace braid signifie "tresse dentelle". Cela peut paraître impressionnant de prime abord, mais ne vous inquiétez pas : elle est en réalité plus simple à réaliser que la tresse collée traditionnelle. Ici, on ne rajoutera des cheveux que de l'un des deux côtés de la tresse. Vous pourrez porter cette tresse seule ou la coupler à l'infini avec queues-de-cheval, torsades et autres chignons.

• *1 élastique ou une barrette plate* •

1. Faites-vous une raie au milieu. Dégagez trois petites mèches (n° 1 en bas, n° 2 au milieu et n° 3 en haut) le long de votre tempe, du côté où vous êtes le plus à l'aise.

1

2. Passez la mèche n° 3 au-dessus de la n° 2 puis la n° 1 au-dessus de la n° 3, comme pour commencer une tresse normale.

3. Ajoutez des cheveux provenant du long de votre raie à la mèche n° 2 et passez-la au-dessus de la n° 1.

4. Sans lui ajouter de cheveux, passez maintenant la mèche n° 3 au-dessus de la n° 1.

5. Continuez ainsi en ajoutant aux mèches venant du haut des cheveux de plus en plus éloignés du front, sans en ajouter aux mèches du bas.

5

6. Arrêtez-vous quand vous le souhaitez et sécurisez avec un élastique ou une barrette plate.

7. Sur la photo, nous avons ajouté un chignon bas asymétrique que vous pourrez retrouver dans la coiffure « Douceur » (p. 52).

Astuce

Cette tresse ne se fait pas forcément en demi-queue. Vous pouvez par exemple la retrouver autour d'un chignon dans la coiffure "Monaco" (p. 58).

Difficulté :

30 minutes environ

La tresse en épi de blé

Véritable phénomène, cette tresse a envahi les podiums puis les tapis rouges avant d'arriver dans nos salles de bain. L'avantage, c'est que plus elle est brouillon, plus le résultat est réussi. Elle n'est pas très compliquée, mais elle demande de la patience. Alors je vous conseille de lancer un épisode de votre série préférée avant de vous y atteler !

• *1 élastique* •

1. Pour faciliter ce tressage, il est important d'humidifier vos cheveux avant de commencer.

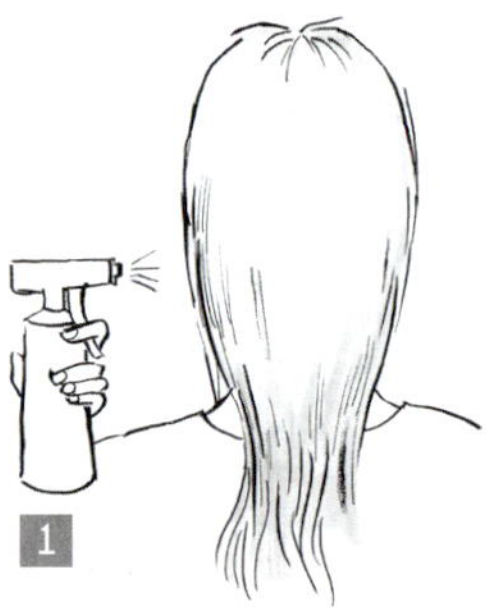

1

2. Séparez vos cheveux en deux mèches (n° 1 à gauche et n° 2 à droite).

3. Prélevez une petite mèche à l'extérieur de la n° 1 et passez-la dans la n° 2 par-dessus.

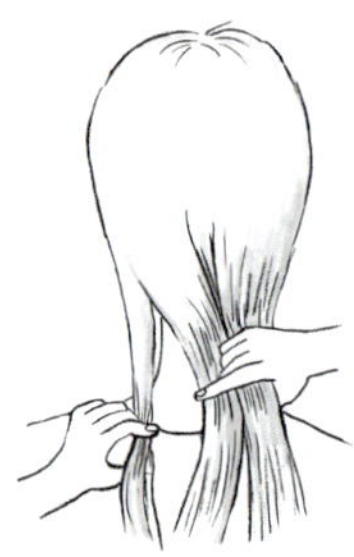

3

4. Prélevez maintenant une petite mèche à l'extérieur de la n° 2 et passez-la dans la n° 1.

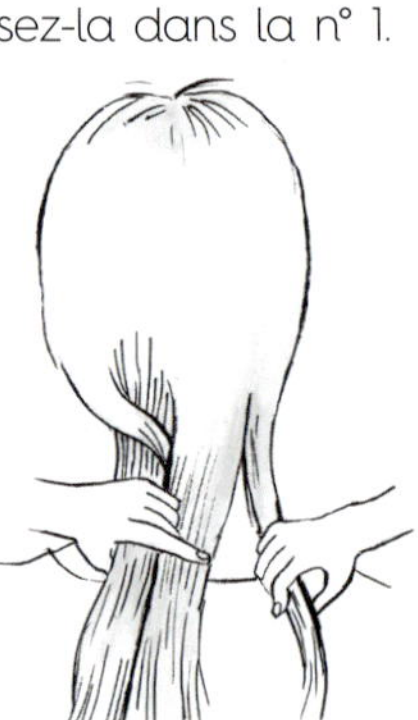

4

5. Serrez bien puis recommencez les étapes 2 et 3 jusqu'à ce que la tresse ait la longueur souhaitée. Plus les mèches prélevées seront fines, plus le résultat sera joli.

6. Sécurisez avec un élastique.

7. Pour lui donner plus d'épaisseur ou un aspect bohème, tirez certains brins vers l'extérieur. Votre tresse gagnera aussi en souplesse.

Astuce

Pour les cheveux un peu plus courts (carré), vous pouvez réaliser une demi-queue composée de deux petites tresses en épi de blé.

Difficulté : ✂

10 minutes environ

Ondulations faciles

Vous le savez bien, que ce soit dans la vie en général ou pour ses cheveux, on veut toujours ce que l'on n'a pas. Véritable phénomène de mode, les ondulations façon "retour de plage" sont devenues un des looks les plus recherchés et ont vu apparaître pléthore de produits pour vous aider à les créer. Mais inutile de vous ruiner : j'ai une astuce facile et gratuite pour vous !

• 2 élastiques •

1. Le soir, sur cheveux mouillés, réalisez une tresse ou une torsade de chaque côté de votre visage. Plus vous les serrez, plus vos ondulations seront marquées. Mais moins vous les serrez, plus le séchage sera rapide.

1

2. Sécurisez avec les élastiques. Mettez-vous ensuite au lit afin de laisser sécher naturellement toute la nuit. Si vous avez peur de prendre froid à cause de vos cheveux humides, passez d'abord un coup de séchoir sur vos tresses, de loin et pas trop chaud.

2

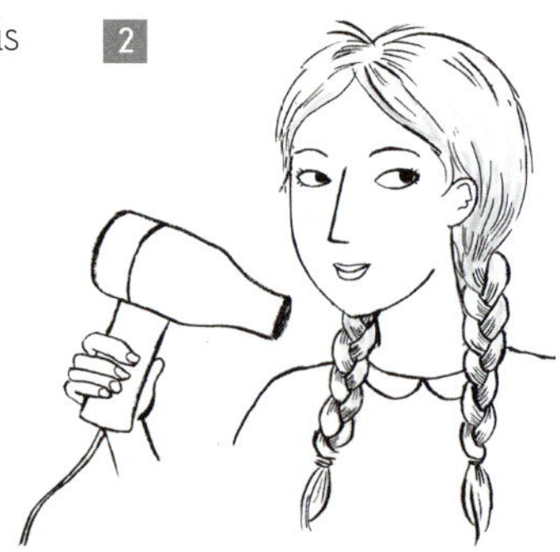

3. Le matin, libérez votre crinière. Certaines parties seront sans doute encore humides, surtout si vous avez beaucoup serré. Vous pouvez alors passer un coup de séchoir (air froid de préférence) sur vos cheveux, mais il ne faut pas les toucher ! Brosse et peigne sont in-ter-dits !

4. Si vous avez un produit texturisant (à l'eau de mer par exemple), c'est le moment d'en vaporiser un peu sur vos cheveux en les froissant.

4

Astuce

Pour atteindre le rendu de vos rêves, n'hésitez pas à faire quelques tests en variant le nombre de tresses et leur souplesse.

LES TUTOS

Difficulté :

10 minutes environ

Le chignon nœud

Rendu célèbre par Lady Gaga, le chignon nœud a l'avantage d'être assez rapide à réaliser tout en faisant son petit effet. Ultime accessoire d'une tenue sage ou élément central de votre look, à vous de trouver la version du chignon nœud qui vous correspond.

1 élastique • 2 ou 3 pinces plates ou épingles à chignon • laque (optionnel)

1. Regroupez tous vos cheveux sur le haut du crâne.

2. Sécurisez avec l'élastique comme si vous alliez faire une queue-de-cheval mais arrêtez-vous avant de sortir les pointes de l'élastique (laissez au moins cinq centimètres de pointes).

2

3. Vous obtenez alors une boucle de cheveux. Séparez cette boucle en deux par le milieu et écartez. Vous avez les deux ailes du futur nœud.

3

4. Lissez les pointes dépassant de l'élastique à l'aide d'un peigne.

5. Rabattez maintenant les pointes entre les deux ailes jusqu'au côté opposé de l'élastique.

5

6. Fixez les pointes au crâne avec les pinces plates en prenant soin de les cacher sous le nœud.

7. Laquez si vous pensez que c'est nécessaire. Et hop, voilà votre nœud !

Astuce

Vous pouvez aussi essayer cette technique au bout d'une demi-queue. Le résultat, plus doux au visage sera aussi plus romantique.

Difficulté :

15 minutes environ

Muse

Pratique et romantique, cette coiffure inspirée des muses grecques peut aussi bien convenir au bureau qu'en week-end ou lors d'un pique-nique en amoureux. Vous pouvez porter la demi-queue seule pour mettre vos longueurs en valeur ou attacher vos cheveux comme nous l'avons fait ici.

2 élastiques • 2 pinces plates

1. Prélevez une mèche en hauteur sur votre tempe droite et séparez-la en trois brins.

1

2. Tressez-les vers l'arrière. Quand vous avez dépassé l'arrière de votre crâne, vous pouvez vous arrêter et sécuriser avec un élastique.

3. Faites la même chose avec une mèche de votre tempe gauche. Au moment de sécuriser, incorporez l'autre tresse dans l'élastique afin que les deux soient attachées ensemble et ôtez l'élastique de la première tresse.

3

4. Saisissez une fine mèche juste en dessous du point de rencontre des deux tresses et entourez-la autour de l'élastique. Sécurisez ensuite avec une pince plate.

4

5. Faites une queue-de-cheval basse et au moment de sécuriser avec un élastique, n'en sortez pas les pointes afin de créer un chignon.

6. Là encore, saisissez une fine mèche juste en dessous de la queue-de-cheval et entourez-la autour de l'élastique avant de sécuriser avec une pince plate.

7. Nous avons utilisé des craies à cheveux pour donner du relief à la chevelure brune du modèle. Il suffit de frotter la craie sur la mèche de votre choix jusqu'à ce que la couleur ait l'intensité souhaitée.

Astuce

La craie pour cheveux (hair-chalk) s'estompe si vous vous brossez les cheveux, mais il faut un shampoing pour qu'elle disparaisse complètement.

Difficulté :

10 minutes environ

Rockeuse

Cette coiffure, très en vogue sur les tapis rouges, est un bon compromis entre cheveux attachés et détachés. Elle vous permettra de mettre en valeur votre chevelure en gardant un aspect travaillé et donnera un petit côté "rock" à votre allure.

1 élastique • 2 à 5 barrettes plates • 1 peigne

1. À l'aide du peigne, créez une raie assez basse sur la droite de votre crâne.

2. Sur votre tempe droite, prélevez une mèche en hauteur et séparez-la en trois brins.

3. Réalisez maintenant une tresse collée inversée (p. 54) à l'horizontale en serrant bien les brins entre eux.

3

4. Arrivée à l'arrière du crâne, vous pouvez arrêter de rajouter des cheveux. Terminez en tresse inversée normale pendant quelques centimètres.

5. Sécurisez avec un élastique.

6. Soulevez la partie arrière de la chevelure restante afin de pouvoir fixer votre tresse en dessous à l'aide de pinces plates.

6

7. Laissez retomber vos cheveux. Il faut que votre tresse ait l'air de disparaître sous la partie libre de la chevelure.

Astuce

Variez les plaisirs en bouclant ou en ondulant la partie libre de vos cheveux avec un fer à boucler. Résultat glamour ga-ran-ti !

Difficulté :

25 minutes environ

Upside down

Cette coiffure est sans doute la plus acrobatique de tout cet ouvrage à réaliser sur soi. Préparez-vous comme une athlète et sachez qu'il vous faudra un peu d'entraînement avant de la maîtriser. Avis aux sœurs et aux copines : elle est plus facile à réaliser sur quelqu'un d'autre que sur soi !

1 élastique • 5 à 10 épingles à chignon • 1 peigne

1. Asseyez-vous, renversez votre tête vers l'avant et posez vos coudes sur vos genoux.

2. Au niveau de la nuque, prélevez une mèche en longueur et séparez-la en trois brins.

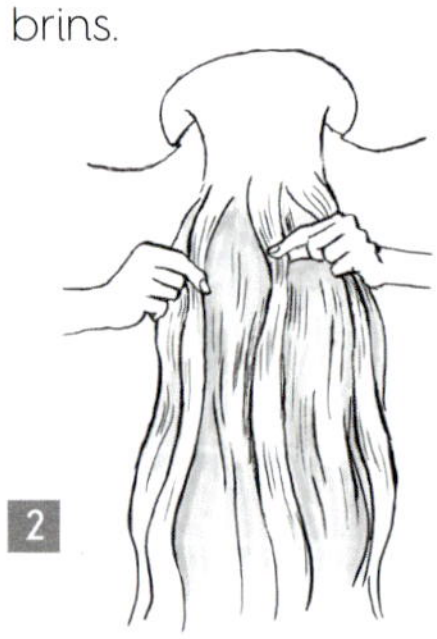

3. Réalisez maintenant une tresse collée qui partira de votre nuque et qui remontera à la verticale jusqu'au milieu du crâne.

4. Prélevez bien les cheveux à ajouter sur l'extérieur de la chevelure. Arrivée au milieu du crâne, cessez d'ajouter des cheveux et continuez la tresse avant de sécuriser avec un élastique.

5. Relevez la tête et faites-vous une queue-de-cheval haute qui comprendra la fin de la tresse et le reste des cheveux.

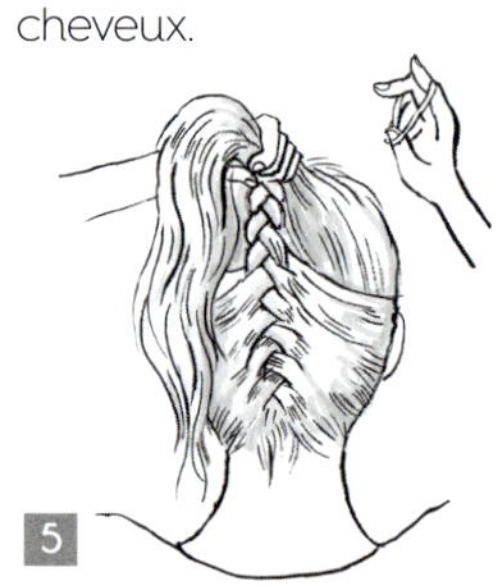

6. Réalisez un chignon de danseuse fouillis en entourant vos cheveux autour de l'élastique.

7. Sécurisez le chignon avec les épingles puis froissez-le pour accentuer le côté bohême de la coiffure.

Astuce

Si votre chignon manque de volume, vous pouvez utiliser un crépon (p. 17) que vous passerez autour de la queue-de-cheval haute avant de procéder aux étapes 6 et 7.

Difficulté :

15 minutes environ

Vers l'infini et au-delà

J'adore cette tresse "sans fin" car le rapport "difficulté/rendu" est optimal. En effet, avec un peu d'entraînement, elle devient vite facile et rapide à réaliser tout en donnant un résultat très élégant qui mettra votre port de tête en valeur.

1 élastique • 4 épingles à chignon

1. Réalisez une tresse collée sur l'ensemble de votre chevelure que vous terminerez en tresse normale (p. 24).

2. Sécurisez avec un élastique.

3. Passez vos doigts sous la tresse au niveau de la nuque et créez un trou en écartant un peu les cheveux.

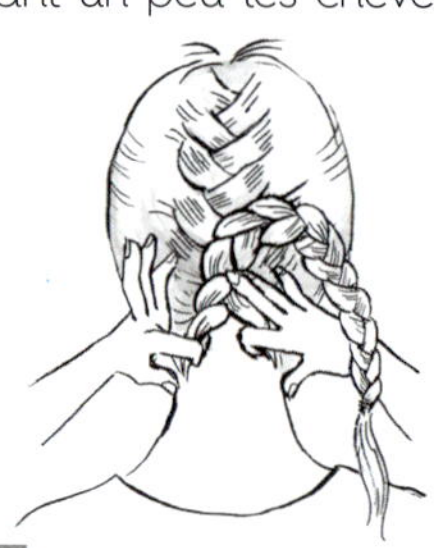

3

4. Rentrez votre tresse dans le trou. Si votre tresse est très longue, je vous conseille de la plier sur elle-même au préalable.

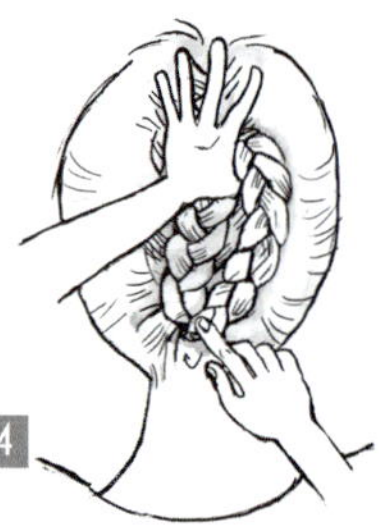

4

5. Prenez une épingle à chignon et passez ses jambes dans le dernier coude de la tresse collée, au niveau de la nuque sur la droite.

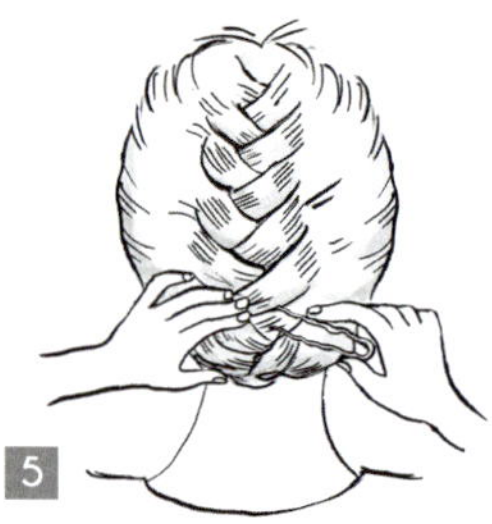

5

6. Piquez le crâne, effectuez le 90° (p. 16) et enfoncez l'épingle dans la tresse en remontant vers le haut.

7. Faites de même du côté gauche. Si vous sentez que la coiffure tient, arrêtez-vous ici. Sinon, ajoutez autant d'épingles que nécessaire en les plaçant de manière similaire.

Astuce

Réalisez la même coiffure en tresse collée inversée (p. 54), c'est encore plus sophistiqué !

Difficulté :

25 minutes environ

La tresse coquillage

C'est le moment de vous frotter à une coiffure plus technique. Elle est impressionnante au début, mais avec de l'entraînement, elle deviendra vite votre "coiffure joker" pour toutes les occasions spéciales où vous voulez briller.

2 élastiques ● 6 à 10 épingles à chignon ● 1 peigne

1. À l'aide du peigne, créez une raie sur la droite de votre crâne.

2. Prélevez trois mèches sur le haut de votre tempe gauche et réalisez une lace braid inversée (p. 32) oblique jusqu'à votre oreille droite.

2

3. Quand il n'y a plus de cheveux à ajouter, finissez en tresse normale et sécurisez avec un élastique. (Cette tresse sera la tresse n° 1).

4. Prélevez trois mèches sur le bas de votre tempe gauche et réalisez maintenant une tresse collée inversée oblique (p. 54) en y incorporant tous le reste des cheveux. Finissez en tresse normale (tresse n° 2).

5. Pliez la tresse n° 1 là où elle quitte le crâne et plaquez-la sur le crâne entre la lace braid inversée et la tresse collée inversée.

6. Cachez la pointe en dessous en la repliant et fixez cette tresse en plusieurs points avec des épingles à chignon.

7. Répétez les étapes 5 et 6 pour la tresse n° 2. C'est terminé !

Astuce

Vous pouvez réaliser la même coiffure avec davantage de tresses : il vous suffit de prendre moins de cheveux dans la première lace braid pour faire deux ou trois tresses collées en dessous.

Difficulté :

15 minutes environ

Douceur

Le chignon bas sur le côté, quelle trouvaille ! Son aspect ultra-romantique en a fait l'une des coiffures phare des podiums et des mariées depuis plusieurs années. Très doux au visage, il met particulièrement bien la nuque et les épaules en valeur.

2 élastiques • quelques épingles à chignon

1. À l'aide du peigne, créez une raie assez basse sur la droite de votre crâne.

2. Prélevez deux mèches sur votre tempe droite et réalisez une torsade (p. 26) que vous sécuriserez avec un élastique.

2

3. Regroupez l'ensemble de vos cheveux (y compris la torsade) en une queue-de-cheval, très bas derrière votre oreille gauche.

4. Attachez la queue-de-cheval avec un élastique.

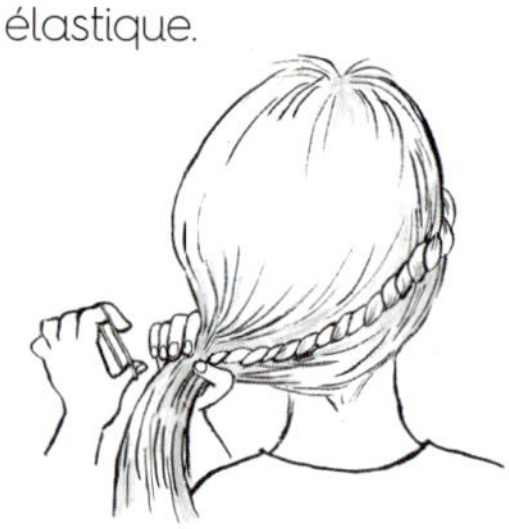

4

5. Vrillez la queue-de-cheval sur elle-même et entourez-la autour de l'élastique afin de former un chignon de danseuse.

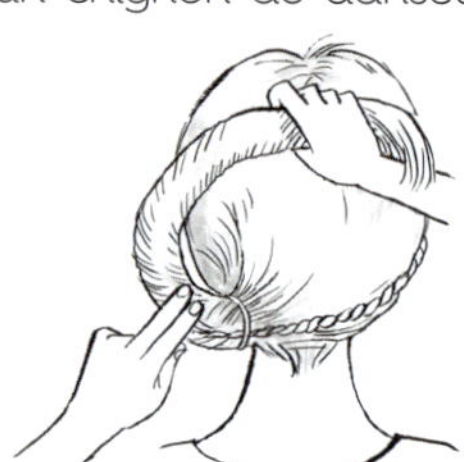

5

6. Fixez le chignon avec les épingles. Insérez-en autant que nécessaire.

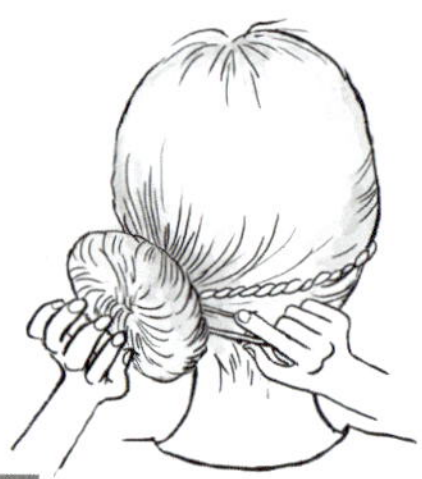

6

7. Froissez le chignon pour lui donner un petit côté coiffé/décoiffé (optionnel).

Astuce

Dans cette combinaison, vous pouvez varier les plaisirs pour la première étape ; plusieurs torsades, une ou plusieurs tresses peuvent venir modifier le rendu final de cette coiffure.

Difficulté : ✂✂

15 minutes environ

La rebelle

Cette tresse qui a l'air d'être posée sur le crâne est en fait une tresse collée inversée que l'on a ensuite épaissie grâce au "pancaking". Vous ne savez pas ce que c'est ? Pas de problème, je vous explique tout ça !

• *1 élastique* •

1. Saisissez trois mèches les unes à côté des autres le long de votre front : n° 1 (à droite), n° 2 (au milieu) et n° 3 (à gauche).

1

2. En allant vers l'arrière de votre tête, passez la mèche n° 3 en dessous de la n° 2, de sorte qu'elle soit insérée entre les mèches n° 1 et n° 2. Passez ensuite les mèches n° 1 en dessous de la n° 3, de sorte qu'elle soit insérée entre les mèches n° 2 et n° 3 comme pour une tresse inversée normale.

3. Saisissez maintenant la mèche n° 2 et ajoutez-lui des cheveux provenant de votre tempe droite avant de la passer en dessous de la n° 1, de sorte qu'elle soit insérée entre la mèche n° 1 et n° 3.

4. Faites de même de l'autre côté avec la mèche n° 3, de sorte qu'elle soit insérée entre les mèches n° 2 et n° 1 par en dessous.

5. À partir de maintenant, ajoutez des cheveux prélevés de plus en plus bas à chacune des mèches que vous insérerez entre les deux autres.

6. Continuez ainsi en alternant les mèches de droite et de gauche jusqu'à ce qu'il n'y ait plus de cheveux à ajouter. Terminez en tresse inversée normale avant de sécuriser avec un élastique.

6

7. Si vous le souhaitez, vous pouvez rendre votre tresse plus volumineuse en l'élargissant. Pour cela, il vous suffit de tirer ses brins vers l'extérieur, c'est ce que l'on appelle le "pancaking".

7

Astuce

Si vous avez les cheveux aux épaules, faites deux tresses comme celle-ci en humidifiant vos cheveux avant de commencer. Si vous serrez bien, cela devrait tenir un bon moment !

Difficulté :

15 minutes environ

La tresse de Katniss

Inspirée par la célèbre héroïne Katniss de la trilogie Hunger Games®, cette tresse est à la fois très pratique et féminine. Et pour cause, quand on défend sa vie avec un arc et des flèches, on n'a pas vraiment le temps de faire une pause pour se recoiffer, pas vrai Katniss ?

1 élastique • 1 peigne

1. À l'aide du peigne, tracez une raie assez basse sur la droite de votre crâne.

2. Prélevez trois mèches sur votre tempe droite dans le sens de la hauteur.

3. Commencez à réaliser une tresse collée inversée qui partira en diagonale vers le bas.

3

4. Les cheveux que vous ajouterez aux mèches viendront donc du haut et du bas plutôt que de droite et de gauche.

5. Pour les cheveux provenant du haut, prélevez-les le long de la raie de séparation. Pour ceux qui viennent du bas, prenez-les derrière l'oreille droite puis en bordure de la nuque.

6. Quand il n'y a plus de cheveux à ajouter, terminez en tresse inversée normale vers l'avant (pour qu'elle tombe sur votre épaule gauche).

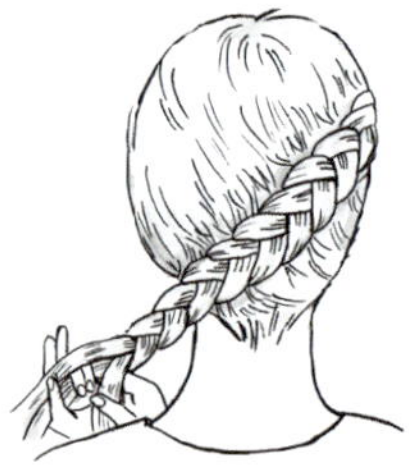

6

7. Sécurisez avec un élastique.

Astuce

Pour un effet moins "académique", pancakez (p. 54) votre tresse à l'extrême, elle fera beaucoup plus "belle des champs".

Difficulté : ✂✂✂✂

20 minutes environ

Monaco

Plusieurs techniques sont possibles pour réaliser ce chignon entouré d'une tresse. Je vous explique ici celle qui inclut une lace braid. Pour un résultat réussi, n'oubliez pas votre crépon rond (p. 17), il sera votre meilleur ami !

1 gros élastique • 1 petit élastique • au moins 5 épingles à chignon

1. Remontez vos cheveux en queue-de-cheval haute.

1

2. Avant d'attacher la queue-de-cheval, libérez une petite mèche sur la tempe droite (mèche n° 1). Sécurisez tout le reste avec le gros élastique et enfilez le crépon autour de la queue-de-cheval.

3. Placez-le à la base de la queue-de-cheval puis répartissez les cheveux sur l'ensemble du crépon.

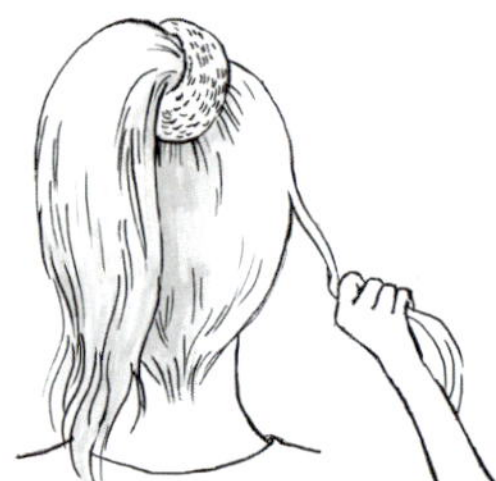

3

4. Saisissez maintenant la mèche n° 1 et deux petites mèches provenant de la queue-de-cheval (sur la droite).

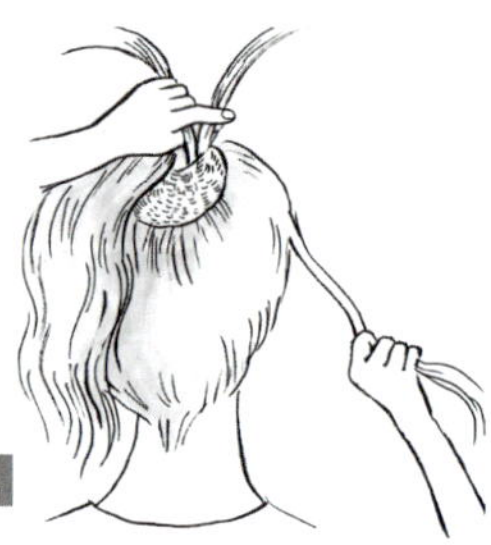

4

5. Commencez une tresse inversée. À chaque fois que vous prendrez le brin qui vient d'en haut, vous lui ajouterez des cheveux de la queue-de-cheval.

6. Tressez en tournant autour du chignon. Quand il n'y a plus de cheveux à ajouter, finissez en tresse normale et sécurisez avec un élastique.

7. Cachez la queue de la tresse sous le crépon et fixez les brins du bas au crâne avec les épingles à chignon. Vous pouvez "pancaker" la tresse si vous le désirez.

Astuce

Choisissez toujours un crépon dont la couleur est proche de celle de vos cheveux. Cela lui permettra de mieux se fondre dans votre chevelure.

Difficulté :

20 minutes environ

Romantique

Si vous avez déjà essayé de porter un headband, vous savez comme moi que ces bestioles ne tiennent pas en place et sont parfois assez compliquées à apprivoiser. Je vous montre ici un moyen radical pour empêcher ce fin bandeau de n'en faire qu'à sa tête : nous allons le rendre prisonnier de vos tresses !

1 headband • 2 élastiques • plusieurs épingles à chignon • 1 peigne

1. Passez le headband autour de votre cou puis faites-vous une raie au milieu. Relevez le headband pour qu'il soit placé au milieu de votre front (comme un bandeau de tennis).

1

2. Passez un doigt sous le headband, juste devant votre oreille gauche, et récupérez une mèche de cheveux que vous allez passer sous le headband. Faites de même à droite.

2

3. Sur le côté gauche, prélevez deux petites mèches au-dessus du headband et celle qui est passée en dessous. Ce seront vos trois brins de départ pour une tresse collée.

3

4. Tressez vers l'arrière. Ajoutez tous les cheveux de la partie gauche et finissez en tresse normale lorsqu'il n'y a plus de cheveux à ajouter. Sécurisez avec un élastique.

5. Procédez de la même façon du côté droit.

6. Prenez la tresse de gauche et plaquez-la en diagonale vers le bas à droite. Repliez le bout sous la tresse pour le dissimuler puis fixez-la avec autant d'épingles à chignon que nécessaire.

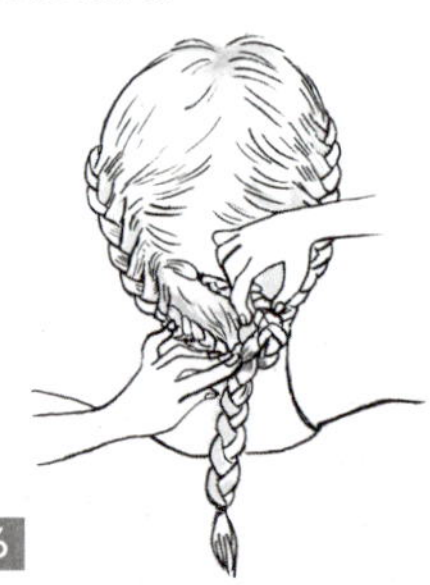

6

7. Procédez de même avec la tresse de droite que vous allez placer en diagonale descendante vers la gauche. Quand vous avez terminé, remontez le headband jusqu'à la hauteur que vous souhaitez.

Astuce

Vous pouvez bien sûr remplacer le headband par un ruban, un serre-tête ou bien même réaliser cette coiffure sans aucun accessoire.

Difficulté :

10 minutes environ

Triplette

Maintenant que vous maîtrisez parfaitement la mise en place des épingles à chignon, vous allez trouver cette coiffure très simple à réaliser. Elle est parfaite pour le quotidien et vous permettra d'attacher vos cheveux longs de manière originale pour être tranquille toute la journée.

• *Au moins une dizaine d'épingles à chignon* •

1. Séparez vos cheveux en trois sections : le haut du crâne, le milieu et le bas. Chaque section de cheveux doit être d'épaisseur égale.

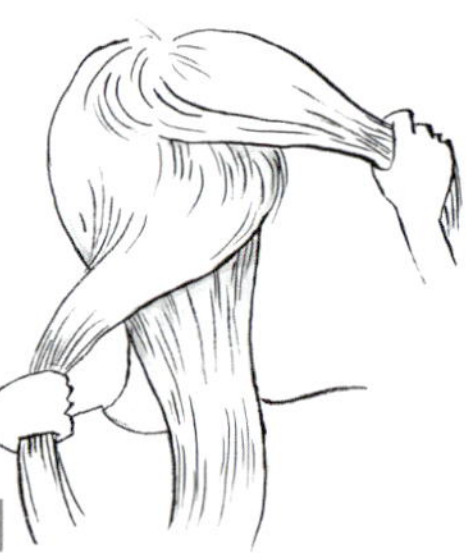

1

2. Prenez la section du haut. Faites tourner la mèche sur elle-même et positionnez-la sur le crâne comme pour faire un chignon de danseuse (p. 46).

2

3. Ce chignon ne doit pas être rond : il faut qu'il soit plus long que haut. Il faut donc lui donner une forme presque rectangulaire.

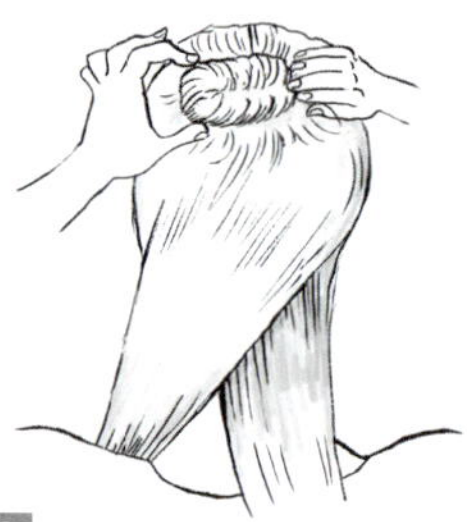

3

4. Fixez ce chignon avec autant d'épingles à chignon que nécessaire. A priori quatre devraient suffire.

5. Prenez maintenant la section du milieu et procédez de la même manière en essayant de fixer ce deuxième chignon rectangulaire au plus près du premier.

6. Faites de même avec la section du bas.

7. Pour un look plus fouillis, vous pouvez froisser les chignons ou tirer sur des petites mèches ici et là pour augmenter le volume de chacun.

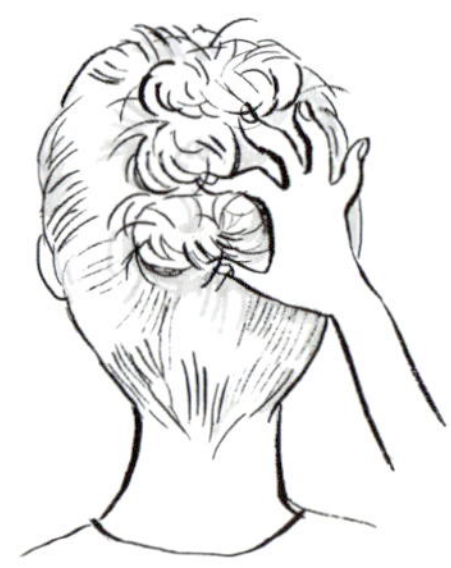

7

Astuce

Pour varier les plaisirs, essayez de recréer cette coiffure avec 4, 5 ou même 6 chignons plus étroits, les uns par-dessus les autres.

Difficulté : ✂✂

25 minutes environ

Le grand 8

Ce chignon peut paraître compliqué mais il n'est en fait constitué que d'étapes simples mais répétitives. Attachez votre ceinture, vos mèches s'apprêtent à embarquer pour leur premier grand 8 !

2 petits élastiques ● 2 gros élastiques ● de nombreuses épingles plates

1. Prélevez une mèche au-dessus de l'oreille droite. Séparez-la en deux brins et faites-en une torsade puis sécurisez avec un élastique.

1

2. Faites la même chose du côté gauche. Séparez ensuite le reste des cheveux en deux sans faire de raie (il ne faut pas que la séparation soit trop visible).

3. Attachez chaque section avec un gros élastique en y incluant sa torsade pour créer deux couettes assez basses (couette n° 1 à gauche et couette n° 2 à droite).

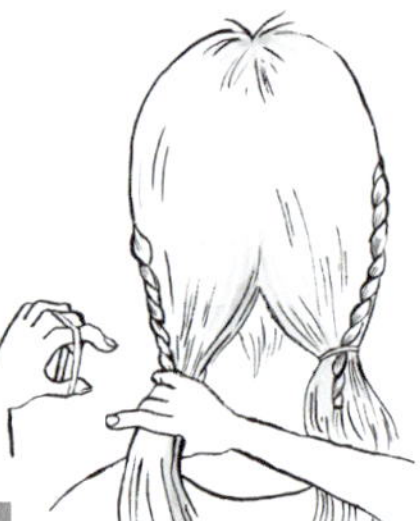

3

4. Prélevez une mèche de la couette n° 1 et tournez-la sur elle-même dans le sens de votre choix. Aplatissez-la sur le crâne en direction du haut de l'élastique de la couette n° 2.

5. Faites-lui suivre l'élastique par l'extérieur vers le bas, puis faites demi-tour pour la diriger vers le haut de l'élastique de la couette n° 1. Vous êtes en train de former votre premier 8.

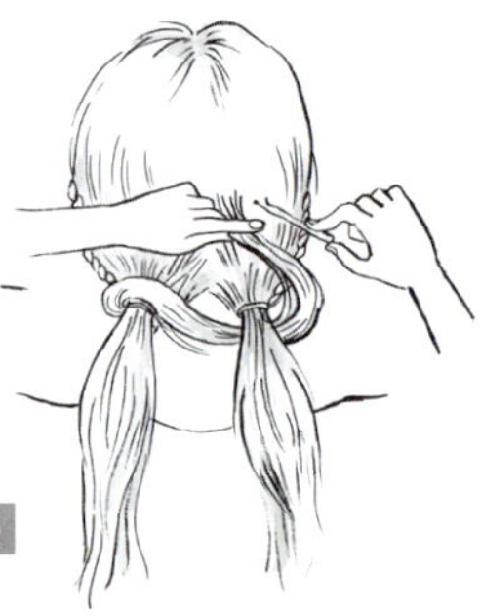

5

6. Faites autant de 8 que nécessaire selon la longueur de vos cheveux. Quand vous arrivez aux pointes de cette mèche, fixez-la avec des épingles plates et répétez l'opération avec une mèche de la couette n° 2.

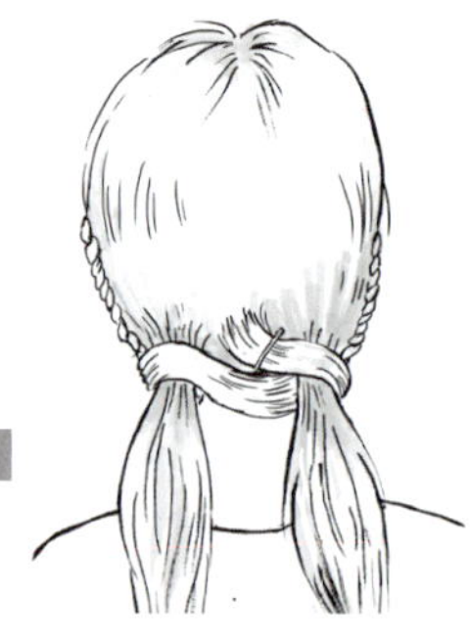

6

7. Continuez en alternant les mèches des couettes n° 1 et n° 2 jusqu'à ce que l'intégralité des couettes soit incluse dans le chignon.

Astuce

Si vous avez les cheveux mi-longs, faites deux couettes assez proches l'une de l'autre ; s'ils sont longs, éloignez les élastiques au maximum. Si vos cheveux sont épais, préférez des épingles à chignon.

Difficulté : ✂✂✂

20 minutes environ

Estivale

Cette tresse qui dégage la nuque est parfaite pour l'été, quand il fait trop chaud au bord de la piscine ou en terrasse à l'heure de l'apéritif. Je vous propose une version assez technique, mais vous souffle une alternative plus simple à la fin !

3 élastiques • 1 peigne

1. À l'aide du peigne, faites-vous une raie au milieu.

2. À droite, prélevez trois petites mèches en haut du front et faites une tresse cascade le long de votre raie sur une quinzaine de centimètres.

3. Quand vous arrivez en haut du crâne, finissez en tresse normale et sécurisez avec un élastique.

3

4. Faites de même sur la partie gauche de vos cheveux.

5. Faites ensuite une queue-de-cheval très haute avec l'ensemble de vos cheveux, y compris les deux tresses.

6. Séparez la queue-de-cheval en trois brins. Répartissez les tresses pour qu'elles ne soient pas dans le même brin.

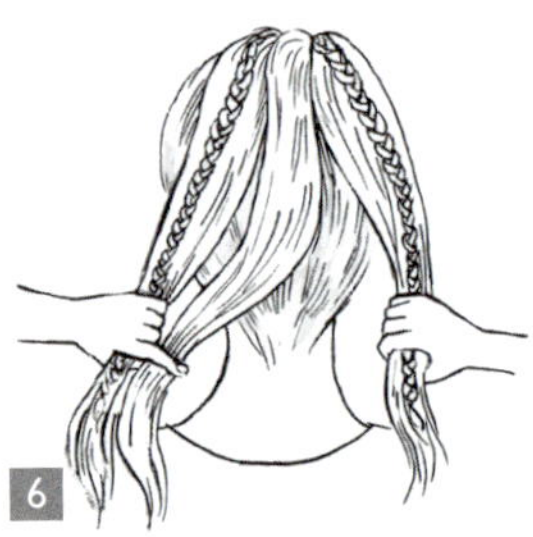

6

7. Faites une tresse normale et sécurisez avec un élastique. Vérifiez que les petites tresses sont visibles et repositionnez-les si ce n'est pas le cas.

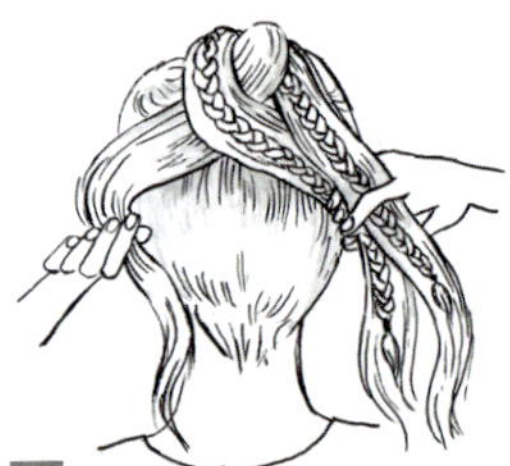

7

Astuce

Pour une version plus facile et plus rapide, sautez les étapes 1 à 4 et commencez par une queue-de-cheval dans laquelle vous ferez deux petites tresses normales. Le résultat de dos sera le même !

Difficulté :

25 minutes environ

La tresse médiévale

À votre avis, combien de tresses collées peut-on combiner dans la même coiffure ? Je dirais facilement cinq mais trois suffiront pour remonter le temps et mettre en application un style de coiffures proche de celles des héroïnes de la série Games of Thrones.

3 élastiques • quelques épingles plates (optionnel)

1. Prélevez trois grosses mèches le long du front : n° 1 (à droite), n° 2 (au milieu) et n° 3 (à gauche).

2. Avec la mèche n° 1, faites une tresse collée (p. 24) vers l'arrière sur 5 à 10 cm.

2

3. Continuez ensuite en tresse normale avant de sécuriser avec un élastique.

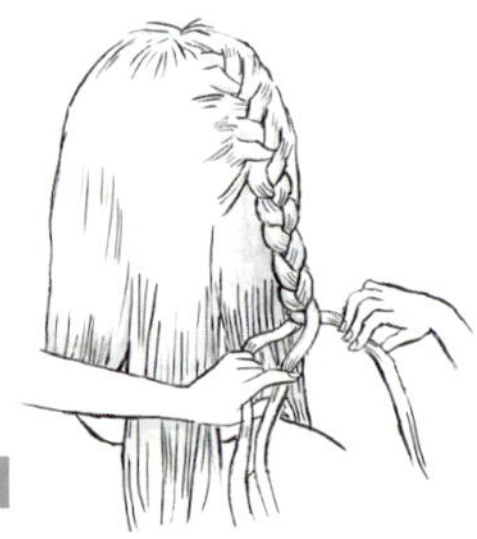
3

4. Procédez de même avec la mèche n°2 puis la mèche n° 3.

5. Commencez maintenant une tresse collée de l'ensemble des cheveux avec les mèches n° 1, 2 et 3 en mèches de départ.

5

6. Ajoutez des cheveux de plus en plus bas aux brins de votre tresse.

7. Quand il n'y a plus de cheveux à ajouter, terminez en tresse normale et sécurisez avec un élastique.
Vous pouvez décliner cette coiffure en inversant les tresses collées, en ajoutant deux autres tresses collées au niveau des tempes ou en la terminant en tresse sans fin (voir p. 48).

Difficulté :

30 minutes environ

La couronne

Du tapis rouge à la plage, d'un mariage à une soirée entre copines, cette coiffure est portable en toutes circonstances. Petite fille sage ou hippy chic, à vous de l'adapter à votre style. Assez difficile à réaliser sur soi-même, elle a l'avantage de tenir toute la journée. Quoi qu'il en soit, elle ne laisse pas indifférent !

1 élastique • 1 ou 2 épingles à chignon • quelques épingles plates (optionnel)

1. Prélevez trois mèches au milieu du crâne. Sous ces mèches, délimitez une bande de cheveux de 5 cm de large environ jusqu'à la nuque et isolez les cheveux qui restent pour qu'ils ne vous gênent pas.

2. Faites une tresse collée inversée (p. 54) en direction de votre nuque. Les cheveux que vous ajoutez à votre tresse doivent provenir de la bande délimitée uniquement.

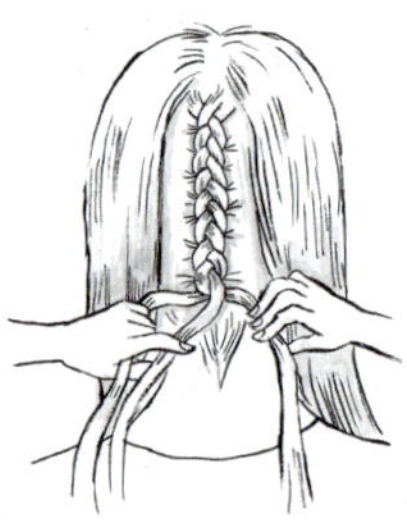

2

3. Arrêtez-vous 1 ou 2 cm avant la nuque. Penchez la tête en avant et continuez votre tresse. Cette fois, ajoutez des cheveux provenant de la droite de votre crâne.

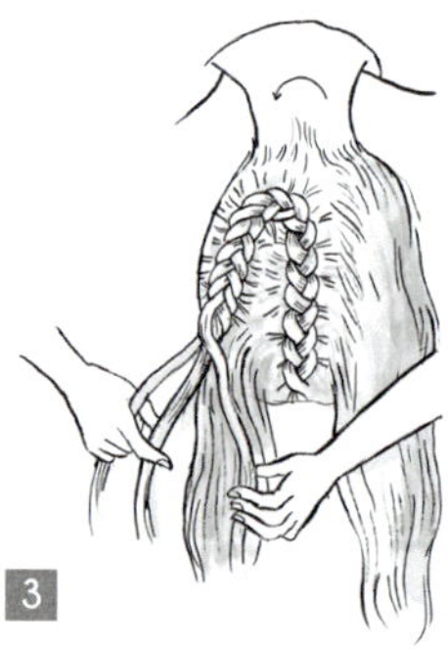

3

4. Tressez vers le haut. Votre tresse passe derrière votre oreille, remonte sur la tempe puis le long de votre front.

4

5. Redressez la tête et continuez la tresse en ajoutant maintenant les cheveux de la partie gauche du crâne. La tresse passe par la tempe et se termine derrière l'oreille gauche.

6. Lorsque vous n'avez plus de cheveux à ajouter, terminez en tresse inversée simple et sécurisez avec un élastique.

7. Cachez la queue de la tresse sous la couronne et fixez-la avec une pince plate. Si vous le désirez, vous pouvez "pancaker" l'ensemble de la tresse.

Astuce

N'oubliez pas de respirer, n'allez pas trop vite et surtout faites des pauses si vous avez mal aux bras !

RÉCAPITULATIF DES TECHNIQUES DE BASE

Tresse simple

1. Séparez les cheveux en 3 parties égales.
2. Passez la mèche droite extérieure vers le centre et faites de même avec la gauche.
3. Répétez l'opération jusqu'aux pointes et sécurisez avec un élastique.

Tresse inversée

Le principe de la tresse inversée est identique à celui de la tresse simple, à l'exception que les brins extérieurs qui sont ramenés par-dessus la mèche centrale vont cette fois-ci être ramenés par-dessous.

1. Séparez les cheveux en 3 parties égales.
2. Passez la mèche droite extérieure vers le centre par le dessous et faites de même avec la gauche.
3. Répétez l'opération jusqu'aux pointes et sécurisez avec un élastique.

Tresse collée

1. Réalisez une tresse normale en démarrant au sommet de la tête.
2. À chaque mèche sur le côté, ajoutez une partie de votre chevelure.
3. Répétez l'opération jusqu'à ce que toute votre masse de cheveux soit prise dans la tresse.
4. Finissez en tresse simple et sécurisez avec un élastique.

Tresse collée inversée

Le principe de la tresse collée inversée est identique à celui de la tresse collée, à l'exception que les brins extérieurs qui sont ramenés par-dessus la mèche centrale vont cette fois-ci être ramenés par-dessous.

1. Réalisez une tresse normale en démarrant au sommet de la tête.
2. À chaque mèche sur le côté, ajoutez une partie de votre chevelure. Passez chaque mèche extérieure épaissie vers le centre par le dessous.

3. Répétez l'opération jusqu'à ce que toute votre masse de cheveux soit prise dans la tresse.
4. Finissez en tresse simple et sécurisez avec un élastique.

Lace braid

C'est le même procédé que pour une tresse collée, sauf que l'on ne rajoute des mèches de cheveux que d'un seul côté, celui du sommet du crâne.

1. Prenez une section de cheveux comme pour une tresse simple.
2. À chaque brin qui se trouve côté crâne, ajoutez une petite mèche de cheveux du sommet de la tête.

Tresse cascade

C'est le même procédé que pour une lace braid, sauf qu'on lâche la mèche du bas pour la remplacer par une mèche d'épaisseur identique avant de l'insérer dans la tresse.

1. Sélectionnez une mèche épaisse à l'avant de la tête. Séparez-la en 3 sections.
2. À chaque tressage, laissez tomber la section du bas et prenez une nouvelle mèche qui la remplacera dans la tresse.

Tresse en épi de blé

1. Commencez par créer une queue-de-cheval basse.
2. Séparez ensuite votre queue-de-cheval en 2 parties égales.
3. Prenez une mèche du premier côté pour la faire passer du second côté et vice versa jusqu'à réaliser un joli épi de blé.
4. Sécurisez avec un élastique.

Torsade

1. Séparez vos cheveux en 2 parties égales.
2. Enroulez chaque partie sur elle-même autour de vos doigts. Les deux sections doivent être enroulées dans le sens des aiguilles d'une montre, ou vers la droite.
3. Faites passer la partie torsadée de droite sur celle de gauche.
4. Faites l'inverse et continuez à tresser jusqu'à la longueur souhaitée.
5. Sécurisez avec un élastique.

Pancaking

Technique visant à élargir une tresse en tirant ses brins vers l'extérieur.

INDEX

TUTOS PAR ORDRE DE DIFFICULTÉ

Tutos faciles

Tutos moyens

Tutos difficiles

Remerciements

Sans les commentaires ultra positifs et toujours encourageants des abonnées de ma chaîne YouTube, je n'aurais jamais pensé que mes coiffures pouvaient intéresser qui que ce fût. Je leur adresse donc un immense merci. Les filles, votre bienveillance et votre enthousiasme ont été mon moteur pour booster ma technique et ma créativité. C'est aussi grâce à vous que je suis en train d'écrire ces mots alors je vous dois une fière chandelle. Vous avez ma reconnaissance éternelle !

Pour ce qui est de ce livre, c'est naturellement vers Hachette Pratique que je me tourne. Merci infiniment d'avoir pensé à moi ! Merci aussi au photographe Philippe Vaurès Santamaria, aux modèles Marion (pas moi, une autre !), Émilie et Caroline.

Merci enfin à Aymeric de Sioou pour les tatouages éphémères (p. 45 et p. 47) et à Mademoiselle S pour son magnifique headband (p. 61).

Et enfin, merci à toutes celles (et ceux !) que j'ai coiffés un jour, car comme je le dis à toutes celles qui veulent s'y mettre, « il faut juste de l'entraînement : plus on tresse, mieux on tresse. »

Photographies : Philippe Vaurès Santamaria

Dessins : Stéphanie Rubini

Stylisme : Marion Blush

Achevé d'imprimer en Espagne par Cayfosa en février 2015.
Dépôt légal : mars 2015
Nuart : 74-8899-01-3
ISBN : 978-2-01-396460-9

PAPIER À BASE DE FIBRES RECYCLÉES

hachette s'engage pour l'environnement en réduisant l'empreinte carbone de ses livres. Celle de cet exemplaire est de : 488g éq. CO_2 Rendez-vous sur www.hachette-durable.fr

L'éditeur utilise des papiers composés de fibres naturelles renouvelables, recyclables et fabriquées à partir de bois issu de forêts qui adoptent un système d'aménagement durable. L'éditeur attend également de ses fournisseurs de papier qu'ils s'inscrivent dans une démarche de certification environementale reconnue.